buxs®

feine vegetarische küche

über-
backenes

Seite

Pikante Kuchen

. . . auf Dinkelböden
- Kohlrabipizza mit Kerbelpesto 5
- Spinatpizza mit Austernpilzen 7

. . . auf Hirseböden
- Hirseschnitte mit Blumenkohl und Broccoli 9
- Hirseschnitte mit Auberginentalern 11

. . . auf Kartoffelböden
- Mangold-Tarte 13
- Tomaten-Quark-Tarte 15

. . . auf Kichererbsenböden
- Artischocken-Quiche 17
- Frühlingszwiebel-Quiche 19

. . . auf Maisböden
- Maiskuchen mit dreierlei Paprika 21
- Zucchinikuchen mit geröstetem Leinsamen 23

Pasteten-Füllungen

- Artischocken-Pastete 25
- Broccoli-Sesam-Pastete 25
- Wirsing-Pastete 27
- Pastete mit Pilzragout 27

Gratins

- Austernpilzgratin mit Kräuterkruste 29
- Linsen-Curry-Gratin 31
- Rosenkohlgratin 33
- Spargelgratin 35

Gefüllte Gemüseblätter

- Chinakohl mit Bulgur 37
- Mangoldrolle mit Hirse 39
- Rotkraut im Weißkrautblatt 41
- Wirsingblätter mit Polentafüllung 43

Seite

Überbacken Gemüse

- Aubergine mit Gemüsewürfeln 45
- Fenchelschiffchen im Kartoffelbett 47
- Gurke mit Selleriepüree 49
- Kartoffel mit Avocadofüllung 49
- Kohlrabi mit Estragonpüree 51
- Paprika mit Olivenpüree 53
- Tomate mit Auberginencreme-Füllung 53
- Zucchiniblüte mit Ricotta 55
- Zucchini mit Paprikapüree 55
- Zwiebel mit Kräuterfüllung 57

Gemüse-Strudel

- Strudel -Grundrezept- 59
- Strudel in dreierlei Farben 61
- Gelber Strudel mit Paprika-Kraut 63
- Grüner Strudel mit Kohlrabi-Kräuter-Füllung 63
- Roter Strudel mit Schwarzwurzeln 65
- Fernöstlicher Sprossenstrudel 65
- Strudel mit dreierlei Kohl 67
- Olivenstrudel mit Schnippelbohnen 67

Lasagnen

- Lasagne -Grundrezept- 69
- Artischocken-Mangold-Lasagne 71
- Bunte Gemüse-Lasagne 71
- Fenchel-Lasagne 73
- Lasagne mit Auberginen, Spinat und Ricotta 75
- Thai-Lasagne mit Kokosmilch-Curry 77

- Rezept-Hinweise 78
- Alphabetisches Inhaltsverzeichnis 79
- Impressum 80
- Übersicht der Kochbuchreihe buxs® – feine vegetarische Küche 81

Kohlrabipizza mit Kerbelpesto

1.	175	gr.	Dinkel – feinst gemahlen
			Salz
	100	gr.	Butterwürfel – gekühlt
	1	St.	Ei (kann auch weggelassen werden)
		—	
2.	300	gr.	Karotten – geschält und in dünne Scheiben geschnitten
	200	gr.	grüner Mangold – gewaschen, die Blätter in etwas gröbere und die Stiele in feine Streifen geschnitten
	300	gr.	Kohlrabi – geschält und in dünne Scheiben geschnitten
	3	Teel.	Butter
			Salz, Muskatnuß – gerieben
		—	
3.	50	gr.	Kerbel – gewaschen und die Blättchen von den Stielen gezupft
	50	gr.	Distelöl (oder ein anderes geschmacksneutrales Öl)
	1	Prise	Salz
		—	
4.	125	gr.	Schafskäse
	100	gr.	Sahne

1. Schritt:
- Dinkel, Salz, Butter und Ei gut verkneten (Handmixer, Knethaken).
- Im Kühlschrank eine Stunde ruhen lassen.
- In einer gefetteten Form oder einem gefetteten Backblech auswellen.
- Mit einer Gabel einstechen, damit der Teig beim Backen keine Blasen wirft.
- Bei 170 °C 8 Minuten vorbacken.

2. Schritt:
- Karotten, Mangold und Kohlrabi in getrennten Töpfen mit je 1 Teel. Butter und wenig Wasser weichdünsten.
- Abtropfen lassen und mit Salz und Muskat abschmecken.

3. Schritt:
- Kerbelblättchen, Öl und Salz mit einem Mixstab oder in der Moulinette pürieren.

4. Schritt:
- Die Hälfte des Schafskäses in der Sahne zerdrücken.
- Die andere Hälfte klein würfeln.

5. Schritt:
- Kerbelpesto auf den vorgebackenen Mürbteigboden aufstreichen.
- Zuerst Karotten, dann Mangold darauf verteilen.
- Kohlrabi ziegelartig darüberschichten.
- Darauf die Käsesauce und die Käsewürfelchen geben.
- Bei 170 °C ca. 15 Minuten backen.

Spinatpizza mit Austernpilzen

1.	175	gr.	Dinkel – fein gemahlen
	1	Prise	Salz
	100	gr.	Butterwürfel – gekühlt
	1	St.	Ei (kann auch weggelassen werden)
		—	
2.	300	gr.	Austernpilze – in kleine Fächer gezupft
	150	gr.	Steinchampignon – in feine Scheiben geschnitten
	1	Teel.	Knoblauch (zerdrückt)
	1-2	Eßl.	Sojasauce (Shoyu oder Tamari)
	1	Eßl.	Thymian – gewaschen, von den Stielen gezupft und gehackt
	2	Eßl.	Olivenöl
			Salz
		—	
3.	500	gr.	Blattspinat – gewaschen, grobe Stiele entfernt und den Rest in große Stücke gezupft
		—	
4.	100	gr.	Sahne
	150	gr.	Roquefort (französischer Schimmelkäse)
	50	gr.	Camembert
		—	
5.	50	gr.	Creme fraîche

1. Schritt:
- Dinkel, Salz, Butter und Ei gut verkneten (Handmixer, Knethaken).
- Im Kühlschrank eine Stunde ruhen lassen.
- In einer gefetteten Form oder einem gefetteten Backblech auswellen.
- Mit einer Gabel einstechen, damit der Teig beim Backen keine Blasen wirft.
- Bei 170 °C 8 Minuten vorbacken.

2. Schritt:
- Pilze, Knoblauch, Sojasauce und Thymian in Olivenöl scharf anbraten.
- Mit wenig Salz mild würzen (der noch verwendete Roquefort würzt stark nach!).

3. Schritt:
- Spinat dämpfen, bis er zusammenfällt; gut abtropfen lassen.
- Danach grob hacken.

4. Schritt:
- Sahne und Käse mit einem Mixstab oder in der Moulinette zu einem Guß pürieren.

5. Schritt:
- Auf den vorgebackenen Mürbteigboden Creme fraîche aufstreichen.
- Darauf den Spinat verteilen.
- Die Pilze darüber geben.
- Den Guß darauf verteilen.
- Bei 175 °C ca. 10 Minuten backen.

Hirseschnitte mit Blumenkohl und Broccoli

1.	300	gr.	Wasser
	1	Teel.	gekörnte Gemüsebrühe
	150	gr.	Hirse – heiß gewaschen
		—	
2.	200	gr.	Karotten – geschält und in dünne Scheiben geschnitten
	300	gr.	Blumenkohl – in kleine Röschen geteilt und gewaschen
	300	gr.	Broccoli – in kleine Röschen geteilt und gewaschen
	3	Teel.	Margarine
		—	
3.	125	gr.	Sahne
	50	gr.	Emmentaler
	1	St.	Ei
	1/2	Teel.	Kirschwasser
			Salz
		—	
4.	100	gr.	Mascarpone (italienisches Rahmprodukt)
	20	gr.	Speisestärke
	1	Teel.	gekörnte Gemüsebrühe
	1	Teel.	Basilikum – gewaschen, von den Stielen gezupft und fein gehackt
			Salz

1. Schritt:
- Wasser und Gemüsebrühe erhitzen.
- Hirse in die heiße Flüssigkeit einrühren.
- Einmal aufkochen lassen und unter geringster Hitze im geschlossenen Topf ca. 40 Minuten nachquellen lassen.

2. Schritt:
- Die Gemüse separat mit je 1 Teel. Margarine und wenig Wasser bißfest dünsten.

3. Schritt:
- Sahne, Emmentaler, Ei und Kirschwasser zu einem Guß verrühren.
- Mit Salz abschmecken.

4. Schritt:
- Mascarpone, Stärke, Brühe und Basilikum gleichmäßig vermischen und mit der Hirse zu einem Teig verarbeiten.
- Mit Salz abschmecken.

5. Schritt:
- Hirseteig auf ein gefettetes Blech aufstreichen.
- Die Karottenscheiben darauf verteilen.
- Mit Blumenkohl und Broccoli belegen.
- Den Guß gleichmäßig darübergießen.
- Bei 180 °C ca. 20 Minuten backen.

27
KODAK 5045
23
KODAK 5045
22
EB 100
27
27A
23
23A
22
22A

Hirseschnitte mit Auberginentalern

1.	600	gr.	Auberginen – gewaschen und in „Zebra-Streifen" geschält
	2	Eßl.	Salz
2.	300	gr.	Wasser
	1	Teel.	gekörnte Brühe
	150	gr.	Hirse
	50	gr.	geriebener Gruyere (Schweizer Hartkäse)
	100	gr.	Mascarpone (italienisches Rahmprodukt)
			Salz
3.	60	gr.	Vollkorn-Semmelbrösel
	2	Eßl.	Senf – mittelscharf
		Saft	von 1 Zitrone
	20	gr.	Butterflöckchen
4.	60	gr.	Olivenöl
	2	St.	Knoblauchzehen – geschält und in Scheibchen geschnitten
	250	gr.	enthäutete Tomaten (Zubereitung siehe Seite 14+15) – in Scheiben
	125	gr.	Ziegen- oder Schafskäse – gewürfelt
			Basilikum – gewaschen und von den Stielen gezupft

1. Schritt:
- Auberginen in 1 cm-dicke Scheiben schneiden, kräftig salzen und 20 Minuten ziehen lassen.

2. Schritt:
- Wasser und Gemüsebrühe erhitzen.
- Hirse in die heiße Flüssigkeit einrühren.
- Einmal aufkochen lassen und unter geringster Hitze im geschlossenen Topf ca. 40 Minuten nachquellen lassen.
- Gruyere und Mascarpone untermischen und mit Salz abschmecken.
- Auf ein gefettetes Backblech streichen.

3. Schritt:
- Semmelbrösel, Senf und Zitronensaft vermischen.
- Auf der Hirse verteilen und mit den Butterflöckchen bestreuen.
- Bei 200 °C 15 Minuten backen.

4. Schritt:
- Die gesalzenen Auberginenscheiben abspülen und trockentupfen.
- Auberginen- und Knoblauchscheiben im Öl wenden.
- Erst die Knoblauchscheiben auf einem Backblech verteilen, darauf die Auberginenscheiben legen und bei 190 °C 12 Minuten backen.

Fertigstellung:
- Die gebackene Hirse wie dargestellt belegen.
- Das Ganze noch einmal bei 190 °C 5 Minuten überbacken.

Saucenempfehlung: Nußsauce oder Basilikumrahmsauce

Mangold-Tarte

1.	250	gr.	weichkochende Kartoffeln – geschält und gewürfelt
	50	gr.	Mascarpone (italienisches Rahmprodukt)
	20	gr.	Vollkorn-Semmelbrösel
	20	gr.	Mandelgrieß
	50	gr.	Dinkel – fein gemahlen
			Salz, Muskatnuß – gerieben

2.	60	gr.	Creme fraîche	Alles miteinander verrühren
	60	gr.	Tomatenmark	
	2	Teel.	Basilikum – fein gehackt	
	1/2	Teel.	Apfelessig	
	1	Teel.	Honig	
			Salz, Pfeffer	

3.	500	gr.	grüner oder roter Mangold – gewaschen, geputzt, die harten Teile der Stiele entfernt und den Rest in ca. 2 cm breite Streifen geschnitten
	1	Eßl.	Butter
	300	gr.	Tomaten – gewaschen, Stielansatz entfernt und in Scheiben geschnitten
	250	gr.	Mozzarella (italienischer, halbweicher Käse) – in dünne Scheiben geschnitten
			Salz

1\. Schritt:

- Kartoffeln in leicht gesalzenem Wasser in ca. 20 Minuten weichkochen.
- Durch eine Kartoffelpresse drücken oder mit dem Kartoffelstampfer drehend zerdrücken.
- Mit Mascarpone, Semmelbrösel, Mandelgrieß, Mehl, Salz und Muskat vermischen und rasch zu einem Teig verarbeiten (nicht zu lange, sonst wird er klebrig).
- In eine gefettete Form streichen und bei 180 °C 10 Minuten backen.

2\. Schritt:

- Die verrührte Creme fraîche mit Salz und Pfeffer abschmecken und auf den vorgebackenen Kartoffelteig streichen.

3\. Schritt:

- Mangold in der Butter dünsten, bis er weich zusammenfällt.
- Mit Salz abschmecken.
- Gedünsteten Mangold auf die aufgestrichene Creme fraîche verteilen.
- Darauf die Tomatenscheiben legen und mit Salz bestreuen.
- Als letztes den Mozzarella darauf verteilen.
- Bei 175 °C ca. 12 Minuten backen.

Tomaten-Quark-Tarte

1.	250	gr.	weichkochende Kartoffeln – geschält und gewürfelt
	50	gr.	Mascarpone (italienisches Rahmprodukt)
	20	gr.	Vollkorn-Semmelbrösel
	20	gr.	Mandelgrieß
	50	gr.	Dinkel – fein gemahlen
			Salz
		—	
2.	150	gr.	Sahne
	25	gr.	Kartoffelstärke
	2	St.	Eier HKL II
	200	gr.	Magerquark
	100	gr.	Emmentaler (Schweizer Hartkäse) – gerieben
	20	gr.	Butter – bis zum Flüssigwerden erwärmt
	3	Eßl.	gemischte Kräuter (Basilikum, Rosmarin, Bohnenkraut, Majoran, Ruccola) – gewaschen, von den Stielen gezupft und gehackt
			Salz, Pfeffer
		—	
3.	500	gr.	enthäutete Tomaten (siehe unten) – in Scheiben geschnitten
			Salz, Pfeffer

1. Schritt:
- Kartoffeln in leicht gesalzenem Wasser in ca. 20 Minuten weichkochen.
- Durch eine Kartoffelpresse drücken oder mit dem Kartoffelstampfer drehend zerdrücken.
- Mit Mascarpone, Semmelbrösel, Mandelgrieß, Mehl und Salz rasch zu einem Teig verarbeiten (nicht zu lange, sonst wird er klebrig).
- In eine gefettete Form streichen und bei 180 °C 10 Minuten backen.

2. Schritt:
- Sahne und Stärke glatt anrühren.
- Mit Eiern, Quark, Käse, Butter und Kräutern vermischen.
- Mit Salz und Pfeffer abschmecken.

3. Schritt:
- 2/3 der Tomatenscheiben auf den vorgebackenen Teig legen und mit Salz und Pfeffer würzen.
- Quarkguß darüber verteilen.
- Danach die restlichen Tomaten darauf legen.
- Bei 175 °C 20-25 Minuten backen.

Tomaten enthäuten:
- Stielansatz kegelförmig herausschneiden und gegenüber kreuzförmig einritzen.
- Wasser zum kochen bringen und Tomaten 5-10 Sekunden hineinlegen.
- Wieder herausnehmen und unter fließend-kaltem Wasser abschrecken.
- Danach die Haut abziehen.

Artischocken-Quiche

1.	1	Eßl.	gekörnte Gemüsebrühe
	500	gr.	Wasser
	250	gr.	Kichererbsen – heiß gewaschen und über Nacht eingeweicht
	1	Teel.	gekörnte Gemüsebrühe
		—	
2.	10	gr.	Kerbel – gewaschen, von den Stielen gezupft und fein gehackt
	70	gr.	Mascarpone (italienisches Rahmprodukt)
	30	gr.	Weizen, feinst gemahlen
			Salz
		—	
3.	300	gr.	Frühlingszwiebeln – geputzt, gewaschen und inkl. der knackigen Grünteile in 1 cm lange Stücke geschnitten
	1	Eßl.	Margarine
			Salz, Pfeffer
		—	
4.	1	St.	Ei
	150	gr.	Sahne
	100	gr.	Schafskäse – gewürfelt
			Salz, Muskatnuß – gerieben
		—	
5.	500	gr.	Artischockenherzen – aus dem Glas oder aus der Dose, halbiert und, sofern sie nicht in Öl eingelegt sind, gut gewässert

1. Schritt:
- Gemüsebrühe im Wasser auflösen.
- Kichererbsen darin 12-15 Stunden einweichen.
- Danach abspülen und mit frischer Gemüsebrühe in 30-40 Minuten weichkochen (Dampfdrucktopf ca. 20 Minuten).
- Abgießen, durch den Fleischwolf drehen oder mit der Reibe einer Küchenmaschine breiähnlich zerkleinern.

2. Schritt:
- Kerbel mit Mascarpone verrühren.
- Mit dem Mehl zum Kichererbsenbrei geben und einen Teig mischen.
- Mit Salz abschmecken.

3. Schritt:
- Frühlingszwiebeln in Margarine dünsten und würzen.

4. Schritt:
- Ei, Sahne und Schafskäse mit einem Mixstab oder in der Moulinette verquirlen.
- Mit Salz und Muskat abschmecken.

5. Schritt:
- Den Kichererbsenteig auf einem gefetten Backblech verteilen.
- Im vorgeheizten Backofen bei 170 °C 5 Minuten vorbacken.
- Auf dem vorgebackenen Boden zuerst die Frühlingszwiebeln, dann die abgetropften Artischocken verteilen.
- Den Eierguß darübergeben.
- Bei 170 °C 15-20 Minuten backen.

Frühlingszwiebel-Quiche

1.	1	Eßl.	gekörnte Gemüsebrühe
	500	gr.	Wasser
	250	gr.	Kichererbsen – heiß gewaschen
	1	Teel.	gekörnte Gemüsebrühe
		—	
2.	50	gr.	Mascarpone
	30	gr.	Weizen – feinst gemahlen
			Salz, Muskatnuß – gerieben
		—	
3.	500	gr.	Frühlingszwiebeln – geputzt, gewaschen und inkl. der knackigen Grünteile in 1 cm-lange Stücke geschnitten
	300	gr.	roter und gelber Paprika – gewaschen, Stielansatz und Kerngehäuse entfernt und den Rest in Streifen geschnitten
	30	gr.	Olivenöl
			Salz und Pfeffer
		—	
4.	10	gr.	Estragon } gewaschen und Blättchen von den Stielen gezupft
	25	gr.	Petersilie }
	3	gr.	Liebstöckel }
	70	gr.	Olivenöl
	10	gr.	Mandelmus (kann auch weggelassen werden)
			Salz, Pfeffer
		—	
5.	100	gr.	milder Schafs- oder Ziegenkäse, kleingewürfelt
	30	gr.	Pinienkerne – ohne Fett in der Pfanne leicht geröstet

1. Schritt:
- Gemüsebrühe im Wasser auflösen.
- Kichererbsen darin 12-15 Stunden einweichen und ankeimen lassen.
- Danach abspülen und mit neu angesetzter Gemüsebrühe in 30-40 Minuten weichkochen (Dampfdrucktopf ca. 20 Minuten).
- Abgießen, durch den Fleischwolf drehen oder mit der Reibe einer Küchenmaschine breiähnlich zerkleinern.

2. Schritt:
- Kichererbsen mit Mascarpone, Mehl, Muskat und Salz zu einem Teig verarbeiten.
- Auf ein gefettetes Backblech verteilen.
- Bei 175 °C 5 Minuten backen.

3. Schritt:
- Frühlingszwiebeln und Paprika im Olivenöl dünsten.
- Mit Salz und Pfeffer abschmecken.

4. Schritt:
- Kräuter mit Olivenöl und Mandelmus in der Moulinette oder mit einem Mixstab pürieren.
- Mit Salz und Pfeffer abschmecken.

5 . Schritt:
- Kräuterpaste auf den gebackenen Kichererbsenboden streichen.
- Das Zwiebel-Paprikagemüse darauf verteilen.
- Käse und Pinienkerne darüberstreuen.
- Bei 180 °C noch einmal 12 Minuten backen.

Maiskuchen mit dreierlei Paprika

1.	1	Teel.	gekörnte Gemüsebrühe	
	600	gr.	Wasser	
	20	gr.	Butter	
	150	gr.	Polenta (Maisgrieß)	
	1	Prise	Salz	
		—		
2.	250	gr.	gelber Paprika	gewaschen, halbiert, Stielansatz und innere Kernteile entfernt
	250	gr.	roter Paprika	
	250	gr.	grüner Paprika	
		—		
3.	60	gr.	Tomatenmark	
	1/2	Teel.	Honig	
	1/2	Teel.	Apfelessig	
	60	gr.	Creme fraîche	
	2	Teel.	Basilikum – gewaschen, von den Stielen gezupft und fein gehackt	
			Salz, Pfeffer	
		—		
4.	150	gr.	Roquefort-Käse	
	100	gr.	Sahne	

1. Schritt:
- Gemüsebrühe im Wasser auflösen und erhitzen.
- Butter, Polenta und Salz in die heiße Brühe glatt einrühren und unter Weiterrühren 5 Minuten kochen.
- Kochstelle abschalten und im geschlossenen Topf 45 Minuten quellen lassen.
- Danach auf ein gefettetes Backblech streichen.
- Bei 170 °C 8 Minuten backen.

2. Schritt:
- Paprika halbieren, auf ein Backblech setzen und im Backofen bei 200 °C backen, bis sie dunkle Flecken bekommen (ca. 20 Minuten).
- Danach aus dem Backofen nehmen und mit einem feuchten Tuch belegen.
- Wenn sie etwas abgekühlt sind, die Haut abziehen (bei den grünen Paprika naturgemäß etwas schwieriger).

3. Schritt:
- Aus Tomatenmark, Honig, Essig, Creme fraîche und Basilikum eine Creme rühren.
- Mit Salz und Pfeffer abschmecken.

4. Schritt:
- Roquefort und Sahne zu einem Guß glattrühren.

5. Schritt:
- Die Tomatencreme auf den Kuchenboden verteilen.
- Mit dem Paprika belegen.
- Den Guß darüber gießen.
- Bei 200 °C ca. 10 Minuten backen.

Zucchinikuchen mit geröstetem Leinsamen

1.	1	Teel.	gekörnte Gemüsebrühe	
	600	gr.	Wasser	
	20	gr.	Butter	
	150	gr.	Polenta (Maisgrieß)	
	1	Prise	Salz	
		—		
2.	30	gr.	Sauerampfer (ersatzweise Brunnenkresse)	gewaschen und
	20	gr.	Kerbel	von den Stielen gezupft
	70	gr.	Olivenöl	
			Salz und Pfeffer	
		—		
3.	750	gr.	Zucchini – heiß gewaschen und in ca. 1/2 cm dicke Scheiben geschnitten	
			Salz	
		—		
4.	10	gr.	Weizenstärke	
	100	gr.	Yoghurt	
	50	gr.	Creme fraîche	
		Saft	einer 1/2 Zitrone	
			Salz	
		—		
5.	30	gr.	Leinsamen	
	1	Teel.	Butter	

1. Schritt:
- Gemüsebrühe im Wasser auflösen und erhitzen.
- Butter, Polenta und Salz in die heiße Brühe glatt einrühren und unter Weiterrühren 5 Minuten kochen.
- Kochstelle abschalten und im geschlossenen Topf 45 Minuten quellen lassen.
- Danach auf ein gefettetes Backblech streichen.
- Bei 170 °C 8 Minuten vorbacken.

2. Schritt:
- Kräuter mit Olivenöl in der Moulinette oder mit einem Mixstab pürieren.
- Mit Salz und Pfeffer abschmecken.

3. Schritt:
- Zucchini mit wenig Wasser bißfest dämpfen.
- Leicht salzen und abtropfen lassen.

4. Schritt:
- Weizenstärke mit etwas Yoghurt glatt anrühren.
- Mit restlichem Yoghurt, Creme fraîche und Zitronensaft vermischen.
- Mit Salz abschmecken.

5. Schritt:
- Leinsamen in der Moulinette schroten.
- Mit Butter anrösten, bis er nussig duftet.

6. Schritt:
- Kräuter-Olivenöl-Paste auf den Maisboden streichen.
- Zucchini dachziegelartig darauflegen.
- Yoghurtguß darüber verteilen.
- Mit Leinsamen bestreuen.
- Bei 170 °C ca. 15 Minuten backen.

Die nachfolgenden Rezepte sind **Pasteten-Füllungen.**
Vollkorn-Pasteten erhalten SIe in Vollkornbäckereien, Naturkost- oder Reformhausfachgeschäften.

Artischocken-Pastete

1.	250	gr.	Kartoffeln – geschält und in kleine Würfelchen geschnitten
	20-40	gr.	Butter
	400	gr.	Artischockenherzen (aus dem Glas oder der Dose) – sofern sie nicht in Öl eingelegt sind, gut gewässert
	200	gr.	Tomaten – enthäutet (s. Seite 14+15), Samenkerne entfernt und Fruchtfleisch kleingewürfelt
		—	
2.	20	gr.	Reismehl (Vollkornreis – feinst gemahlen)
	1/2	Tasse	Wasser
	1	Eßl.	Petersilie – gewaschen, von den Stielen gezupft und gehackt
		—	
3.	4	St.	Vollkorn-Blätterteigpasteten

1. Schritt:
- Kartoffeln in der Butter braten, bis sie fast gar sind.
- Artischockenherzen abtropfen lassen, in kleine Würfel schneiden und zu den Kartoffeln geben.
- Die Tomatenwürfel ebenfalls dazugeben und mit Salz und Pfeffer abschmecken.

2. Schritt:
- Reismehl mit dem Wasser glattrühren, in das Gemüse einrühren und einmal aufkochen lassen. Danach von der Kochstelle nehmen und Petersilie unter das Gemüse mengen.

3. Schritt:
- Pasteten mit dem Gemüse füllen und dem Deckel bedecken.
- Bei 170 °C 5 Minuten backen.
- Das restliche Gemüse als Beilage reichen.

Broccoli-Sesam-Pastete

1.	600	gr.	Broccoli – die Röschen ganz kurz abgeschnitten und gewaschen. Die Stiele geschält und kleingeschnitten.
			Wasser, Salz
	50	gr.	Mascarpone (italienisches Rahmprodukt)
	1	Eßl.	Tahin (Sesammus)
		—	
2.	25	gr.	Reismehl (Vollkornreis – feinst gemahlen)
	1/2	Teel.	gekörnte Gemüsebrühe
	1/2	Tasse	Wasser
	250	gr.	Tomaten – enthäutet (siehe Seite 14+15), Samenkerne entfernt und Fruchtfleisch kleingewürfelt
			Salz, Muskatnuß – gerieben
	1	Eßl.	Basilikum – gewaschen, von den Stielen gezupft und gehackt.
		—	
3.	4	St.	Vollkorn-Blätterteigpasteten

1. Schritt:
- Broccoli-Röschen in wenig Wasser -leicht gesalzen- fast weichdämpfen.
- Stiele mit wenig, leicht gesalzenem Wasser weichdämpfen. Danach mit einem Mixstab oder in der Moulinette fein pürieren.
- Broccoliröschen und das Püree im Topf vermengen.
- Mascarpone und Tahin vermischen und zum Gemüse geben.

2. Schritt:
- Reismehl und Gemüsebrühe mit dem Wasser glatt anrühren, in das Gemüse einrühren und kurz aufkochen lassen. Danach von der Herdstelle nehmen.
- Die Tomatenwürfelchen dazugeben und mit Salz und Muskat abschmecken.
- Am Schluß Basilikum untermengen.

3. Schritt:
- Pasteten mit dem Gemüse füllen und dem Deckel bedecken.
- Bei 170 °C 5 Minuten backen.
- Das restliche Gemüse als Beilage reichen.

Die nachfolgenden Rezepte sind **Pasteten-Füllungen.**
Vollkorn-Pasteten erhalten Sie in Vollkornbäckereien, Naturkost- oder Reformhausfachgeschäften.

Wirsing-Pastete

1.	500	gr.	Wirsing – gewaschen und ganz klein geschnitten
	150	gr.	Karotten – geschält und klein gewürfelt
	20	gr.	Margarine
	50	gr.	Mascarpone
	1/2	Teel.	Koriander – gemahlen
		—	
2.	20	gr.	Reismehl (Vollkornreis – feinst gemahlen)
	100	gr.	Sahne
	1	Eßl.	Petersilie – gewaschen, von den Stielen gezupft und gehackt
			Salz, Muskatnuß – gerieben
		—	
3.	4	St.	Vollkorn-Blätterteigpasteten

1. Schritt:
- Wirsing und Karotten in Margarine anbraten und mit geringer Wasserzugabe weichdünsten.
- Mascarpone mit dem Koriander verrühren und zum Gemüse geben.

2. Schritt:
- Reismehl mit der Sahne glattrühren und unter Rühren zum Gemüse geben.
- Einmal aufkochen lassen und von der Kochstelle nehmen.
- Mit der Petersilie vermischen und mit Salz und Muskat abschmecken.

3. Schritt:
- Pasteten mit dem Gemüse füllen und dem Deckel bedecken.
- Bei 170 °C 5 Minuten backen.
- Das restliche Gemüse als Beilage reichen.

Pastete mit Pilzragout

1.	30	gr.	Zwiebeln – fein gewürfelt
	1	Eßl.	Butter
	500	gr.	Korallenpilze (Pom Pom blanc – siehe links) oder Steinchampignons – gewürfelt
		—	
2.	20	gr.	Reismehl (Vollkornreis – feinst gemahlen)
	100	gr.	Sahne
	1	Teel.	Thymianblättchen } gewaschen, von den Stielen gezupft und gehackt
	1	Eßl.	Petersilie } gewaschen, von den Stielen gezupft und gehackt
	1	Teel.	rote Pfefferkörner
	1	Teel.	trockener Weißwein
		Salz	
		—	
3.	4	St.	Vollkorn-Blätterteigpasteten

1. Schritt:
- Zwiebeln in der Butter glasig dünsten.
- Pilze dazugeben und anbraten, bis sie goldbraun sind.

2. Schritt:
- Reismehl mit der Sahne glattrühren und zu den Pilzen geben.
- Unter Rühren einmal aufkochen lassen und von der Herdstelle nehmen.
- Kräuter, Pfeffer und Weißwein dazugeben und mit Salz abschmecken.

3. Schritt:
- Pasteten mit dem Gemüse füllen und dem Deckel bedecken.
- Bei 175 °C 5 Minuten backen.
- Das restliche Gemüse als Beilage reichen.

Austernpilzgratin mit Kräuterkruste

1.	300	gr.	Kartoffeln – gewaschen Salz
		—	
2.	200	gr.	Frühlingszwiebeln – geputzt, gewaschen und inkl. der knackigen Grünteile in ca. 1/2 cm-dicke Scheiben geschnitten
	1	Teel.	Margarine Salz und Pfeffer
		—	
3.	30	gr.	Zwiebeln – geschält und fein gewürfelt
	1		Knoblauchzehe – geschält und fein gehackt
	2	Eßl.	Margarine
	300	gr.	Austernpilze – gesäubert und in kleine Fächer gezupft
	150	gr.	Champignons – gesäubert und in Scheiben geschnitten Sojasauce, Salz, Thymian – fein geschnitten
		—	
4.	300	gr.	Lasagnesauce (Rezept auf Seite 69)
	je 1	Teel.	Rosmarin, Thymian, Basilikum – gewaschen, von den Stielen gezupft und fein gehackt
		—	
5.	1	Eßl.	Margarine
	25	gr.	Vollkorn – Semmelbrösel
	je 1	Eßl.	Thymian, Basilikum – gewaschen, von den Stielen gezupft und fein gehackt
		—	
6.	80	gr.	milder Schafskäse – klein gewürfelt

1. Schritt:
- Kartoffeln mit der Schale weichkochen.
- Danach schälen bzw. pellen und in ca. 1 cm dicke Scheiben schneiden.
- Auf einem gefetteten Backblech im Backofen bei 180 °C backen, bis die Ränder hellbraun werden (ca. 15 Minuten). Danach leicht salzen.

2. Schritt:
- Frühlingszwiebeln mit der Margarine und wenig Wasser ca. 5 Minuten dünsten.
- Danach mit Salz und Pfeffer abschmecken.

3. Schritt:
- Zwiebeln und Knoblauch in wenig Margarine anbraten.
- Austernpilze, Champignons und restliche Margarine dazugeben.
- Scharf anbraten.
- Mit Sojasauce, Salz und Thymian abschmecken.

4. Schritt:
- Lasagnesauce zubereiten und mit den Kräutern verrühren.

5. Schritt:
- Margarine erhitzen und Semmelbrösel darin anrösten.
- Thymian und Basilikum unterrühren und von der Herdstelle nehmen.

Fertigstellung:
- eine gefettete Gratinform wie folgt füllen:
  - Kartoffelscheiben
  - Frühlingszwiebeln
  - Pilze
  - Kräutersauce
  - Schafskäse
  - Kräuterbrösel
- Das Ganze bei 180 °C ca. 10 Minuten backen.

Linsen-Curry-Gratin

1.	200	gr.	weichkochende Kartoffeln – geschält und gewürfelt
	10	gr.	Butter, bis zum Flüssigwerden erhitzt
	50	gr.	Sahne, erhitzt
			Salz
		—	
2.	150	gr.	kleine, braune Linsen (Gourmet-Linsen) – über Nacht eingeweicht
	300	gr.	Wasser
	1	Teel.	gekörnte Gemüsebrühe
			Salz, Pfeffer
		—	
3.	50	gr.	rote Zwiebeln – geschält und in Streifen geschnitten
	200	gr.	Sojasprossen (gekeimte Sojabohnen) – gewaschen
			Sojasauce (Shoyu oder Tamari)
	100	gr.	Karotten – geschält und in Scheiben geschnitten
			Salz
	3	Teel.	Margarine
		—	
4.	20	gr.	gehackte Petersilie
		—	
5.	20	gr.	Butter
	20	gr.	Weizenmehl 1050er
	5	gr.	Currypulver
	300	gr.	Kokosmilch, ungezuckert (erhältlich in fernöstlichen Lebensmittelgeschäften)
	50	gr.	Sahne
			Salz

1. Schritt:
- Kartoffeln in leicht gesalzenem Wasser weichkochen.
- Anschließend abgießen und abtropfen lassen.
- Durch eine Kartoffelpresse drücken oder mit dem Kartoffelstampfer drehend zerdrücken.
- Butter unterrühren.
- Nach und nach die erhitzte Sahne unterrühren und alles zu einem lockeren Brei verarbeiten.
- Mit Salz abschmecken.

2. Schritt:
- Linsen in Wasser und Brühe weichkochen.
- Mit Salz und Pfeffer abschmecken.

3. Schritt:
- Zwiebeln mit 1 Teel. Margarine anbraten.
- Sprossen mit 1 Teel. Margarine andünsten und mit Sojasauce abschmecken.
- Karotten mit 1 Teel. Margarine andünsten.
- Mit Salz abschmecken.

4. Schritt:
- Gratinform ausfetten, Kartoffelbrei einfüllen und glattstreichen.
- Darauf die Sprossen, dann die Zwiebeln, die Karotten, die Petersilie und am Schluß die Linsen verteilen.

5. Schritt:
- Butter bis zum Flüssigwerden erhitzen.
- Mehl dazugeben und unter Rühren erhitzen, ohne daß sich die Farbe verändert.
- Von der Herdstelle nehmen.
- Curry mit der Kokosmilch und Sahne vermengen und nach und nach in das Butter-Mehl-Gemisch einrühren.
- Wieder auf die Herdplatte stellen und unter kräftigem Umrühren aufkochen lassen.
- Von der Herdstelle nehmen, mit Salz abschmecken und über die Linsen verteilen.
- Bei 180 °C ca. 20 Minuten backen.

Rosenkohlgratin

1.	200	gr.	mehlig kochende Kartoffeln – geschält und gewürfelt
	10	gr.	Butter – bis zum Flüssigwerden erwärmt
	50	gr.	Sahne – erhitzt
			Salz, Muskatnuß – gerieben
		—	
2.	100	gr.	Buchweizen
	1	Teel.	gekörnte Gemüsebrühe
		—	
3.	100	gr.	Karotten – geschält, in Scheiben geschnitten
	300	gr.	Rosenkohl – geputzt
		—	
4.	100	gr.	Sahne
	1	St.	Ei oder 1 Eßl. Kartoffelstärke – in etwas Sahne glatt angerührt
	50	gr.	Emmentaler-Käse – gerieben
			Salz, Muskatnuß – gerieben
		—	
5.	30	gr.	Parmesan (italienischer Hartkäse) – gerieben

1. Schritt:
- Kartoffeln in leicht gesalzenem Wasser weichkochen.
- Anschließend abgießen und abtropfen lassen.
- Durch eine Kartoffelpresse drücken oder mit dem Kartoffelstampfer drehend zerdrücken.
- Butter unterrühren.
- Nach und nach die erhitzte Sahne unterrühren und alles zu einem lockeren Brei verarbeiten.
- Mit Salz und Muskat abschmecken.

2. Schritt:
- 500 gr. Wasser zum Kochen bringen.
- Buchweizen hineingeben und ca. 60 Sekunden mitkochen.
- Das Kochwasser abgießen und den Buchweizen abspülen.
- Nochmals 300 gr. Wasser mit der Gemüsebrühe zum Kochen bringen, den Buchweizen wiederum hineingeben und 5 Minuten kochen lassen.
- Danach von der Herdstelle nehmen und im geschlossenen Topf 10 Minuten nachquellen lassen.

3. Schritt:
- Karotten und Rosenkohl separat in wenig Salzwasser weichgaren.
- Danach den Rosenkohl halbieren.

4. Schritt:
- Sahne, Ei (oder angerührte Stärke) und Käse zu einem Guß verrühren.
- Mit Salz und Muskat abschmecken.

5. Schritt:
- Das Kartoffelpüree in eine gefettete Gratinform füllen.
- Darauf die Karottenscheibchen, den Buchweizen und die Rosenkohlhälften geben.
- Darüber den Guß verteilen und Parmesan darüber streuen.
- Bei 175 °C ca. 12 Minuten backen.

Spargelgratin

1.	250	gr.	mehlig kochende Kartoffeln – geschält und gewürfelt
	15	gr.	Butter – bis zum Flüssigwerden erwärmt
		—	
2.	200	gr.	Blattspinat – geputzt und gewaschen
	70	gr.	Sahne
			Salz, Muskatnuß – gerieben
		—	
3.	500	gr.	Spargel – geschält und holzige Schnittstellen entfernt
		—	
4.	1/2	Eßl.	Butter
	1/2	Eßl.	Dinkelmehl 1050er
	100	gr.	Milch
	50	gr.	Sahne
			Salz, Pfeffer
		—	
5.	30	gr.	Parmesan (italienischer Hartkäse) – gerieben

1. Schritt:
- Kartoffeln in leicht gesalzenem Wasser weichkochen, anschließend abgießen und abtropfen lassen.
- Durch eine Kartoffelpresse drücken oder mit dem Kartoffelstampfer drehend zerdrücken.
- Mit der flüssigen Butter zu einem Brei verarbeiten.

2. Schritt:
- Spinat mit wenig Wasser weichgaren und anschließend abtropfen lassen.
- Mit der Sahne in der Moulinette oder mit einem Mixstab fein pürieren.
- Mit dem Kartoffelbrei vermengen und mit Salz und Muskat abschmecken.

3. Schritt:
- Spargel mit Wasser bedecken und weichkochen.

4. Schritt:
- Butter im Topf erwärmen.
- Mehl dazugeben und unter Rühren erhitzen, ohne daß sich die Farbe verändert.
- Von der Herdstelle nehmen.
- Milch nach und nach einrühren und glattrühren.
- Wieder auf die Herdplatte stellen.
- Unter Weiterrühren zum Kochen bringen und unter reduzierter Hitze 10 Minuten köcheln lassen.
- Dann die Sahne einrühren.
- Mit Salz und Pfeffer abschmecken.

5. Schritt:
- Kartoffel-Spinatpüree in eine gefettete Gratinform füllen.
- Spargel darauf verteilen.
- Sauce darübergießen und mit Parmesan bestreuen.
- Bei 175 °C ca. 5 Minuten überbacken.

Chinakohl mit Bulgur

1.	125	gr.	Bulgur (gedarrter Hartweizenbruch)
	3	Eßl.	Distelöl oder sonstiges geschmacksneutrales Öl
	250	gr.	Wasser
	1	Teel.	gekörnte Gemüsebrühe
		—	
2.	25	gr.	Brunnenkresse – gewaschen, Blättchen abgezupft und gehackt
	25	gr.	Petersilie – gewaschen, Stiele entfernt und Blätter gehackt
	80	gr.	Mascarpone (italienisches Süßrahmprodukt)
	80	gr.	Magerquark
	80	gr.	Schafskäse – zerdrückt
	150	gr.	Paprika rot – gewaschen, Stielansatz und Kernbereich entfernt, den Rest fein gewürfelt
			Salz, Pfeffer
		—	
3.	1	St.	Chinakohl – davon 9 große Blätter lösen und waschen
	9	Teel.	Senf (mittelscharf)
	20	gr.	Butter – bis zum Flüssigwerden erwärmt

1. Schritt:

- Bulgur im Öl 3-5 Minuten anbraten.
- Wasser mit Gemüsebrühe vermischen, nach und nach in den Bulgur einrühren und 5 Minuten kochen.
- Danach von der Kochstelle nehmen und im geschlossenen Topf ca. 30 Minuten quellen lassen.

2. Schritt:

- Brunnenkresse, Petersilie, Mascarpone, Quark, Käse und Paprika mit dem gequollenen Bulgur vermengen.
- Mit Salz und Pfeffer abschmecken.

3. Schritt:

- Chinakohl-Blätter mit wenig Wasser weichdämpfen und abtropfen lassen.
- Chinakohl-Blätter mit je 1 Teel. Senf bestreichen.
- Darauf die Füllung verteilen.
- Seitlich einschlagen und aufwickeln.
- Mit der Naht nach unten in eine gefettete Gratinform setzen.
- Mit Butter bestreichen.
- Bei 170 °C ca. 8 Minuten backen.

Saucenvorschlag: Senfsauce

Mangoldrolle mit Hirse

1.	130	gr.	Hirse – heiß gewaschen
	260	gr.	Wasser
		—	
2.	6	St.	große grüne oder rote Mangoldblätter (ca. 300 gr.) – gewaschen
			Salz
	150	gr.	Tomaten – enthäutet (siehe Seite 14+15)
		—	
3.	100	gr.	Mascarpone (italienisches Süßrahmprodukt)
	1	Eßl.	Basilikumblättchen – gewaschen und in kleine Stückchen gezupft
			Salz, Muskatnuß – gerieben
		—	
4.	20	gr.	Butter – bis zum Flüssigwerden erwärmt

1. Schritt:
- Hirse und Wasser zum Kochen bringen und bei geringer Wärmezufuhr ca. 40 Minuten quellen lassen.

2. Schritt:
- Mangoldblätter mit wenig gesalzenem Wasser weichgaren.
- Abtropfen lassen und mit einem Küchenkrepp trockentupfen.
- Stiele V-förmig herausschneiden und diese fein würfeln.
- Tomaten halbieren und die Samenkerne entfernen.
- Tomaten fein würfeln.

3. Schritt:
- Hirse, Tomaten- und Mangoldstielwürfelchen, Mascarpone und Basilikum vermengen.
- Mit Salz und Muskat abschmecken.

4. Schritt:
- Hirsefüllung auf die Mangoldblätter verteilen.
- Blätter seitlich einschlagen und aufrollen.
- Mit der Nahtstelle nach unten in eine gefettete Gratinform setzen.
- Mit Butter bestreichen und bei 170 °C ca. 5 Minuten backen.

Saucenvorschlag: Safransauce

Rotkraut im Weißkrautblatt

1.	300	gr.	mehlig kochende Kartoffeln
	20	gr.	Butter – erwärmt
	80	gr.	Sahne – erhitzt
		—	
2.	9	St.	zarte Weißkrautblätter – gewaschen (bei kleinen Blättern doppelte Menge)
			Salz
	200	gr.	Rotkraut – gewaschen, abgetropft und fein gehackt
	80	gr.	Frühlingszwiebeln – geputzt, gewaschen und inkl. der knackigen Grünteile fein geschnitten
	20	gr.	Margarine
	1	Teel.	Tahin (geröstetes Sesammus)
			Salz, Pfeffer, Muskatnuß – gerieben
		—	
3.	20	gr.	Butter – bis zum Flüssigwerden erwärmt
	50	gr.	Sauerrahm

1. Schritt:

- Kartoffeln in leicht gesalzenem Wasser weichkochen.
- Danach abgießen und abtropfen lassen.
- Durch eine Kartoffelpresse drücken oder mit dem Kartoffelstampfer drehend zerdrücken.
- Butter mit den Kartoffeln vermengen.
- Nach und nach die erhitzte Sahne unterrühren und zu einem lockeren Brei verarbeiten.

2. Schritt:

- Weißkrautblätter (in einem Topf locker verteilt) mit wenig, leicht gesalzenem Wasser weichgaren.
- Abtropfen lassen und mit einem Haushaltstuch trockentupfen.
- Rotkraut und Zwiebeln in Margarine anbraten und weichdünsten.
- Mit Tahin und Kartoffelbrei vermengen.
- Mit Salz, Pfeffer und Muskat abschmecken.

3. Schritt:

- Die Weißkrautblätter flach ausbreiten und den dicken Teil der Mittelrippe V-förmig ausschneiden.
- Je zwei Eßlöffel Füllung auf ein Weißkrautblatt geben.
- Weißkrautblätter seitlich einschlagen, aufrollen und mit der Nahtstelle nach unten auf ein gefettetes Backblech geben.
- Mit Butter bestreichen.
- Bei 180 °C ca. 10 Minuten backen.
- Mit 1-2 Löffel Sauerrahm servieren.

Saucenvorschlag: Portweinsauce

Wirsingblätter mit Polentafüllung

1.	225	gr.	Wasser
	1/2	Teel.	gekörnte Gemüsebrühe
	75	gr.	Polenta (Maisgrieß)
		—	
2.	250	gr.	Wirsing – gewaschen und fein gehackt
	1	Eßl.	Margarine
		—	
3.	100	gr.	roter Paprika – gewaschen, Stielansatz und Kernbereich entfernt und den Rest feinst gewürfelt
	40	gr.	Mascarpone (italienisches Rahmprodukt)
	75	gr.	Schafskäse – zerdrückt
	1 1/2	Eßl.	Petersilie – gewaschen und ohne Stiele gehackt
			Salz, Muskat – gerieben
		—	
4.	8-10	St.	junge, bzw. innere Wirsingblätter – gewaschen
			Salz
	20	gr.	Butter – bis zum Flüssigwerden erwärmt

1. Schritt:
- Wasser mit Gemüsebrühe zum Kochen bringen.
- Polenta glatt einrühren und unter Weiterrühren ca. 5 Minuten köcheln lassen.
- Vom Herd nehmen und im geschlossenen Topf ca. 45 Minuten quellen lassen.

2. Schritt:
- Den gehackten Wirsing in der Margarine anbraten und danach mit wenig Wasser weichdünsten.

3. Schritt:
- Polentamasse, Wirsing, Paprika, Mascarpone, Käse und Petersilie vermengen und mit Salz und Muskat abschmecken.

4. Schritt:
- Die dicken Rippen der Wirsingblätter mit einem scharfen Messer etwas abflachen.
- In wenig leicht gesalzenem Wasser weichgaren.
- Mit einem Küchentuch trockentupfen.
- Die ausgebreiteten Blätter mit je zwei gehäuften Eßlöffeln Füllung belegen, die Seiten einschlagen und aufrollen.
- Mit der Nahtstelle nach unten in eine gefettete Gratinform legen und mit flüssiger Butter bestreichen.
- Bei 180 °C ca. 5 Minuten backen.

Saucenempfehlung: Pistaziensauce

Aubergine mit Gemüsewürfeln

1.	2-3	St.	Auberginen (ca. 700 gr.) – gewaschen und Stielansatz entfernt
	1	Eßl.	Salz
	1-2	Eßl.	Olivenöl
		—	
2.	200	gr.	Kartoffeln – geschält
	30	gr.	Schalotten oder junge Zwiebeln – geschält
	100	gr.	Karotten – geschält
	100	gr.	Zucchini – heiß gewaschen
	200	gr.	roter und gelber Paprika – heiß gewaschen, ohne Stielansatz und ohne Samenbereich
			} alles fein gewürfelt
	3	Eßl.	Olivenöl
	1	Teel.	Rosmarin – gewaschen, von den Stielen gezupft und fein gehackt
		—	
3.	80	gr.	Ziegenfrischkäse
			Salz, Pfeffer

1. Schritt:
- Auberginen in „Zebra-Streifen" längsseitig schälen und längsseitig halbieren.
- Das Fruchtfleisch bis auf ca. 1,5 cm mit einem Löffel herausschälen und fein würfeln.
- Die ausgehöhlten Auberginen-Hälften einsalzen und 30 Minuten ziehen lassen.
- Danach unter fließendem Wasser abspülen, trockentupfen und mit Olivenöl einreiben.
- Auf ein Backblech setzen und bei 200 °C 15-20 Minuten backen.

2. Schritt:
- Kartoffeln und Schalotten in 2 Eßl. Olivenöl anbraten.
- Nach ca. 8 Minuten die Karotten dazugeben.
- Nach weiteren 3 Minuten die restlichen Gemüse inkl. der Auberginenwürfel dazugeben und alles noch einmal 3 Minuten braten. Dabei restliches Öl zugeben.
- Danach den Rosmarin untermengen und alles bei reduzierter Hitze in geschlossener Pfanne weichschmoren.

3. Schritt:
- Pfanne von der Herdstelle nehmen.
- Den Ziegenfrischkäse untermengen.
- Mit Salz und Pfeffer abschmecken und in die heißen Auberginen-Hälften verteilen.

Fenchelschiffchen im Kartoffelbett

1.	250	gr.	mehligkochende Kartoffeln – geschält und gewürfelt
	25	gr.	Butter – bis zum Schäumen erhitzt
			Salz
		—	
2.	4	St.	Fenchelknollen (ca. 400 gr.) – die äußeren, harten Schalen entfernt und das zarte Fenchelgrün fein gehackt.
	10	gr.	Margarine
		—	
3.	100	gr.	Buchweizen
	1/2	Teel.	gekörnte Gemüsebrühe
		—	
4.	100	gr.	Karotten – geschält und fein gewürfelt
	1	Eßl.	Margarine
	1	Eßl.	Petersilie – gewaschen und fein gehackt
	25	gr.	Sonnenblumenkerne – angeröstet und grob gehackt
	50	gr.	Creme fraîche (Französischer Sauerrahm)
	50	gr.	Gruyère (Schweizer Hartkäse) – gerieben
			Salz
		—	
5.	10	gr.	Butterflöckchen
	30	gr.	Gruyère – gerieben

1. Schritt:
- Kartoffeln in leicht gesalzenem Wasser weichkochen; anschließend abgießen und abtropfen lassen.
- Durch eine Kartoffelpresse drücken oder mit dem Kartoffelstampfer drehend zerdrücken.
- Mit der flüssigen Butter zu einem lockeren Brei verarbeiten und mit Salz abschmecken.

2. Schritt:
- Fenchel so halbieren, daß zwei flache Hälften entstehen.
- Das Innere (etwa 1/4 des Fenchel) herauslösen und würfeln.
- Fenchelhälften mit Margarine und wenig Wasser weichdünsten.

3. Schritt:
- 500 gr. Wasser zum Kochen bringen.
- Buchweizen hineingeben und ca. 60 Sekunden mitkochen.
- Das Kochwasser abgießen und den Buchweizen abspülen.
- Nochmals 300 gr. Wasser mit der Gemüsebrühe zum Kochen bringen, den Buchweizen wiederum hineingeben und 5 Minuten kochen lassen.
- Danach von der Herdstelle nehmen und im geschlossenen Topf 10 Minuten nachquellen lassen.

4. Schritt:
- Fenchelwürfel und Karottenwürfel in Margarine anbraten.
- Mit dem Buchweizen, Petersilie, Fenchelgrün, Sonnenblumenkernen, Creme fraîche, Gruyère und 2 Eßl. Kartoffelbrei vermengen.
- Mit Salz abschmecken und in die Fenchelhälften verteilen.

5. Schritt:
- Restlichen Kartoffelbrei in eine Gratinform geben.
- Fenchelschiffchen daraufsetzen und mit Gruyère und Butterflöckchen bestreuen.
- Bei 180 °C ca. 10 Minuten backen.

Saucenvorschlag: Käsesauce

Gurke mit Selleriepüree

1.	250	gr.	mehligkochende Kartoffeln – geschält und gewürfelt
	250	gr.	Sellerie – geschält und gewürfelt
	100	gr.	Sahne
	80	gr.	Karotten – geschält und gestiftet
	1	Teel.	Margarine
	1	Teel.	Zitronensaft
	1	Teel.	Dill – gehackt
			Salz
			—
2.	2-4	St.	Gurken (ca. 600 gr.) – heiß gewaschen
	20	gr.	Butter – bis zum Flüssigwerden erwärmt

1. Schritt:
- Kartoffeln und Sellerie in leicht gesalzenem Wasser weichkochen, danach abgießen und abtropfen lassen.
- Mit der Sahne vermengen und einem Mixstab oder in der Moulinette fein pürieren.
- Karotten in der Margarine andünsten und mit dem Püree vermengen.
- Zitronensaft und Dill dazugeben und mit Salz abschmecken.

2. Schritt:
- Gurken längs halbieren, Kerne ausschaben und mit wenig Wasser bißfest dämpfen.
- Danach abtropfen lassen, leicht salzen und mit dem Selleriepüree füllen (mit einem Löffel oder Spritzbeutel).
- In eine gefettete Gratinform setzen und Gurken und Füllung mit flüssiger Butter bestreichen.
- Bei 175 °C 5-8 Minuten backen.

Saucenvorschlag: Dillrahmsauce

Kartoffel mit Avocadofüllung

1.	9	St.	mittelgroße Kartoffeln – in warmem Wasser sauber gebürstet
		—	
2.	250	gr.	Avocado – fein gewürfelt } gleich miteinander vermengen
		Saft	einer 1/2 Zitrone } gleich miteinander vermengen
	200	gr.	körniger Frischkäse
	150	gr.	Sahne
	2	Eßl.	trockener Weißwein – bevorzugt Noilly Prat
	25	gr.	Brunnenkresse } gewaschen und ohne Stiele kleingehackt
	15	gr.	Petersilie } gewaschen und ohne Stiele kleingehackt
	15	gr.	Dill } gewaschen und ohne Stiele kleingehackt
	1	Eßl.	rote Pfefferkörner (aus dem Glas oder aus der Dose)
			Salz

1. Schritt:
- Kartoffeln kreuzweise einritzen und im Backofen bei 250 °C ca. 40-50 Minuten backen.

2. Schritt:
- Danach von der Kartoffel einen Deckel abschneiden und die Kartoffel mit einem Löffel teilweise aushöhlen.
- Das aus der Kartoffel und dem Deckel herausgeschabte Kartoffelfleisch mit 1/3 der Avocadowürfel zerdrücken.
- Die zerdrückte Kartoffel-Avocadomischung mit den anderen Zutaten vermengen und mit Salz abschmecken.
- In die ausgehöhlte Kartoffel füllen und bei 175 °C ca. 5 Minuten backen.

Saucenvorschlag: Pfefferrahmsauce

Kohlrabi mit Estragonpüree

1.	300	gr.	mehligkochende Kartoffeln – geschält und gewürfelt
			Salz
	30	gr.	Butter
		—	
2.	6	St.	junge Kohlrabi
	1	St.	Karotte – geschält (ca. 80 gr.)
	1	Eßl.	Margarine
	50	gr.	Estragon – gewaschen und von den Stielen befreit
	100	gr.	Sahne
		—	
3.			Salz
	1	Teel.	Zitronensaft
	10	gr.	Butter – bis zum Flüssigwerden erwärmt

1. Schritt:

- Kartoffeln in leicht gesalzenem Wasser weichkochen, danach abgießen und abtropfen lassen.
- Durch eine Kartoffelpresse drücken oder mit einem Kartoffelstampfer drehend zerdrücken.
- Butter bis zum Schäumen erhitzen, zu den Kartoffeln geben und zu einem lockeren Brei verarbeiten.
- Mit Salz abschmecken.

2. Schritt:

- Von den Kohlrabi den Blattansatz abschneiden und aufbewahren; die Kohlrabi schälen.
- Die Kohlrabi und die Karotte in der Margarine und wenig Wasser (ca. 2 cm) im geschlossenen Topf in ca. 15-25 Minuten weichdämpfen.
- Kohlrabi mit einem scharfen Löffel aushöhlen.
- Das herausgeschabte Kohlrabifleisch mit dem Estragon und der Sahne cremig pürieren (Moulinette oder Mixstab).
- Die Karotte fein würfeln.

3. Schritt:

- Kartoffelbrei, Kohlrabipüree und Karottenwürfel vermengen.
- Mit Salz und Zitronensaft abschmecken.
- In die Kohlrabi füllen und diese auf ein gefettetes Backblech (oder in eine Gratinform) setzen.
- Mit flüssiger Butter bepinseln.
- Bei 180 °C ca. 5 Minuten backen.
- Inzwischen die Kohlrabideckel in wenig Salzwasser weichdämpfen und am Schluß auf die gebackenen Kohlrabi setzen.

Saucenvorschlag: Béchamelsauce

Paprika mit Olivenpüree

1.	300	gr.	mehligkochende Kartoffeln – geschält und gewürfelt
	30	gr.	Butter – bis zum Schäumen erhitzt
			Salz
		—	
2.	4	St.	bunte Paprika – gewaschen
	1	Eßl.	Margarine
		—	
3.	200	gr.	grüne und schwarze Oliven – entkernt
	1	Teel.	Oregano – gewaschen und ohne Stiele fein gehackt
	150	gr.	Sahne
			Salz, Pfeffer
		—	
4.	10	gr.	Butter – bis zum Flüssigwerden erwärmt

1. Schritt:
- Kartoffeln in leicht gesalzenem Wasser weichkochen, danach abgießen und abtropfen lassen.
- Durch eine Kartoffelpresse drücken oder mit einem Kartoffelstampfer drehend zerdrücken.
- Butter zu den Kartoffeln geben, zu einem lockeren Brei verarbeiten und mit Salz abschmecken.

2. Schritt:
- Vom Paprika den Deckel mit Stielansatz abschneiden und die Samen entfernen.
- Mit Margarine und wenig Wasser halbweich dünsten.

3. Schritt:
- Oliven, Oregano und Sahne mit einem Mixstab oder in der Moulinette pürieren.
- Mit dem Kartoffelbrei vermengen und mit Salz und Pfeffer abschmecken.

4. Schritt:
- Olivenpüree in die Paprika füllen und auf ein gefettetes Backblech setzen.
- Mit flüssiger Butter bestreichen.
- Bei 175 °C ca. 8 Minuten backen.

Saucenvorschlag: Weißweinsauce

Tomaten mit Auberginencreme

1.	500	gr.	Milch
			Salz
	250	gr.	Auberginen – Stielansatz entfernt, geschält und klein gewürfelt
	1	Teel.	Basilikumblättchen – gewaschen und gehackt
	1	St.	Knoblauchzehe, geschält und durch eine Knoblauchpresse gepreßt
	1	Teel.	Tomatenmark
	50	gr.	Ricotta (italienischer Frischkäse)
	30	gr.	Vollkorn-Semmelbrösel
			Salz, Pfeffer
		—	
2.	4-6	St.	Fleischtomaten – gewaschen und Stielansatz entfernt

1. Schritt:
- Milch mit einer Prise Salz zum Kochen bringen.
- Auberginenwürfel darin in ca. 1 Minute weichkochen.
- Danach die Milch abgießen und abtropfen lassen.
- Auberginenwürfel, Basilikum, Knoblauch und Tomatenmark fein pürieren.
- Ricotta, Semmelbrösel und Auberginenpüree miteinander vermengen und mit Salz und Pfeffer abschmecken.

2. Schritt:
- Von den Tomaten einen Deckel abschneiden, Tomaten mit einem Löffel aushöhlen.
- Mit der Auberginencreme füllen und den Deckel aufsetzen.
- In einer gefetteten Gratinform bei 170 °C ca. 3 Minuten backen.

Saucenvorschlag: Basilikumsauce

Zucchiniblüte mit Ricotta-Füllung

1.	100	gr.	Zucchini – heiß gewaschen und fein gewürfelt
	1	Eßl.	Olivenöl
	1	St.	Knoblauchzehe – geschält und durch die Knoblauchpresse gedrückt oder feinst gehackt
	100	gr.	Ricotta (italienischer Frischkäse)
			Salz, Pfeffer
		—	
2.	6	St.	Zucchiniblüten – Schmutzteilchen entfernt
	2	Eßl.	Butter – bis zum Flüssigwerden erwärmt

1. Schritt:
- Zucchini, Öl und Knoblauch in der Pfanne erhitzen und leicht anbräunen lassen.
- Mit dem Mixstab oder in der Moulinette pürieren.
- Mit dem Ricotta vermengen.
- Mit Salz und Pfeffer abschmecken.

2. Schritt:
- Zucchiniblüte vorsichtig öffnen und den inneren gelben Stempel entfernen.
- Mit einem Teelöffel oder einem Spritzbeutel die Zucchinicreme einfüllen.
- Die Blüte locker schließen und außen mit flüssiger Butter bestreichen.
- Bei 170 °C ca. 3 Minuten backen.

Zucchini mit Paprikapüree

1.	400	gr.	mehligkochende Kartoffeln – geschält und gewürfelt
	40	gr.	Sahne
			Salz
		—	
2.	150	gr.	roter Paprika – halbiert und Stielansatz inkl. dem Kernbereich entfernt
	1	Eßl.	Dill – gehackt
			Salz
		—	
3.	3	St.	Zucchini (ca. 700 gr.) – sehr heiß gewaschen und längs halbiert
	10	gr.	Butter – bis zum Flüssigwerden erwärmt

1. Schritt:
- Kartoffeln in leicht gesalzenem Wasser weichkochen, danach abgießen und abtropfen lassen.
- Durch eine Kartoffelpresse drücken oder mit einem Kartoffelstampfer drehend zerdrücken.
- Sahne erhitzen und mit dem Kartoffelbrei vermengen.

2. Schritt:
- Paprika mit wenig Wasser in ca. 8-10 Minuten weichdämpfen.
- Die Haut abziehen, Fruchtfleisch kleinschneiden und mit einem Mixstab oder in der Moulinette pürieren.
- Mit dem Kartoffelbrei und dem Dill vermengen und mit Salz abschmecken.

3. Schritt:
- Zucchini mit wenig Wasser in ca. 3 Minuten bißfest dämpfen.
- Mit einem Löffel aushöhlen.
- Das Paprikapüree – eventuell mit einem Spritzbeutel – hineingeben.
- Mit flüssiger Butter bestreichen.
- Bei 175 °C ca. 7 Minuten backen.

Saucenvorschlag: Paprikarahmsauce

Zwiebel mit Kräuterfüllung

1.	4	St.	mittelgroße, saubere Zwiebeln (ca. 600 gr.)
		—	
2.	120	gr.	Bulgur (gedarrter Weizenbruch)
	3	Eßl.	Distelöl oder sonstiges geschmacksneutrales Öl
	240	gr.	Wasser
	1	Teel.	gekörnte Gemüsebrühe
		—	
3.	20	gr.	Salbeiblättchen – in feine Streifen geschnitten
	20	gr.	Petersilie – gewaschen und ohne Stiele fein gehackt
	3	Eßl.	Distelöl (oder ein anderes geschmacksneutrales Öl)
	150	gr.	Tomaten – enthäutet (siehe Seite 14+15), Samenkerne entfernt und Fruchtfleisch in kleine Würfel geschnitten
	200	gr.	körniger Frischkäse
		Saft	einer 1/2 Zitrone
			Salz, Pfeffer
		—	
4.	20	gr.	Butter – bis zum Flüssigwerden erwärmt

1. Schritt:
- Zwiebeln auf ein gefettetes Backblech setzen und bei 250 °C 30-40 Minuten backen.
- Danach schälen, am Wurzelansatz flachschneiden und oben eine großzügige Kappe abschneiden.
- Die Zwiebel bis auf 3 Zwiebelwände aushöhlen. Etwa die Hälfte des ausgehöhlten Zwiebelfleisches fein hacken. Den Rest anderweitig verwenden (Suppe, Salat etc.).

2. Schritt:
- Bulgur im Öl 3-5 Minuten anbraten.
- Wasser mit Gemüsebrühe vermischen, nach und nach in den Bulgur einrühren und 5 Minuten kochen.
- Danach von der Kochstelle nehmen und im geschlossenen Topf ca. 30 Minuten quellen lassen.

3. Schritt:
- Salbei und Petersilie in Öl leicht anrösten.
- Bulgur, gehackte Zwiebeln, gewürfelte Tomaten, Kräuter, Frischkäse und Zitronensaft vermengen.
- Mit Salz und Pfeffer abschmecken.

4. Schritt:
- Zwiebel mit der Bulgur-Masse füllen.
- Mit flüssiger Butter bestreichen und nochmals bei 175 °C ca. 5 Minuten backen.

Saucenvorschlag: Weißweinsauce

AEG

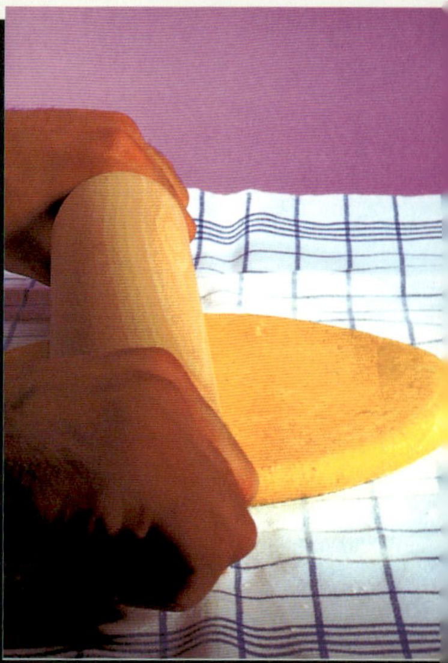

Strudel-Grundrezept

1.	100	gr.	Dinkel – fein gemahlen	vermischen
	200	gr.	Dinkelmehl 1050er	
	45	gr.	Distelöl (oder ein anderes geschmacksneutrales Öl)	
	160	gr.	warmes Wasser	
			Salz	
		—		
2.	20	gr.	Butter – bis zum Flüssigwerden erwärmt	
		—		
3.	30	gr.	Creme fraîche	

1. Schritt:
- Mehlgemisch, Öl, Wasser und Salz mit dem Knethaken eines Handmixers zu einem glatten, geschmeidigen Teig kneten.
- Zu einer Kugel formen, die Oberfläche mit Öl bestreichen und zugedeckt bei Zimmertemperatur 1 Stunde ruhen lassen.

2. Schritt:
- Den Teig auf einem bemehlten Handtuch sehr dünn ausrollen und am Schluß zu einem Rechteck ziehen.
- Mit flüssiger Butter bestreichen.
- Die Strudelfüllung (siehe Seite 63-67) auf dem ersten Drittel des Teiges verteilen.
- Den Strudel wie links dargestellt anrollen und dann das Geschirrtuch so anheben, daß sich der Strudel von selbst aufrollt.
- Dann die Teigenden zusammendrücken und mit der Naht nach unten auf eine doppelt gefaltete, gefettete Alufolie legen.

3. Schritt:
- Oben und seitlich mit der Creme fraîche bestreichen.
- Mit der Alufolie in eine Kastenform legen.
- Bei 180 °C ca. 25 Minuten backen.

Variation: Statt dem fein gemahlenen Dinkel (100 gr.) kann auch feingemahlener Vollkornreis verwendet werden. Dieser Teig findet beim fernöstlichen Sprossenstrudel (siehe Seite 65) Verwendung.

Strudel in dreierlei Farben

Die nachfolgenden, farbigen Strudel basieren alle drei auf dem Grundrezept der vorhergehenden Seite 59. Die angegebenen Zutaten werden lediglich zugemischt bzw. ausgetauscht.

Gelber Strudel

Zusätzlich werden 3 gr. Kurkuma (gelb-färbendes Gewürz) mit dem Mehlgemisch (siehe Seite 59) vermischt.

Roter Strudel

Statt der 160 gr. Wasser (lt. Grundrezept auf Seite 59) werden 120 gr. Rote-Bete-Saft (frisch gepreßt oder aus der Flasche) und 40 gr. Wasser verarbeitet.

Grüner Strudel

Statt der 160 gr. Wasser (lt. Grundrezept auf Seite 59) werden 160 gr. Spinatsaft verarbeitet. Dieser wird folgendermaßen hergestellt:

- 200 gr. roher Spinat und 120 gr. Wasser mit einem Mixstab fein pürieren.
- Danach durch ein feines Sieb (Haarsieb) passieren.

Die nachfolgenden Strudel basieren auf dem vorhergehenden Strudel-Grundrezept auf Seite 59 und 61.
Im Folgenden werden die Zutaten und die Zubereitung verschiedener Strudelfüllungen beschrieben und dargestellt.

Gelber Strudel mit Paprika-Kraut

– Füllung –

30	gr.	Schalotten oder junge Zwiebeln – geschält und fein gewürfelt
1	Eßl.	Margarine
350	gr.	Weißkraut – gewaschen und in feine Streifen geschnitten
200	gr.	roter Paprika – gewaschen, Stielansatz und innerer Kernbereich entfernt und Fruchtfleisch fein gewürfelt
1/2	Tasse	Wasser
30	gr.	Reismehl (feingemahlener Vollkornreis)
70	gr.	Sahne
		Salz, Pfeffer – gemahlen, Kümmel – ganz

Zubereitung:

- Margarine erhitzen und Schalotten bzw. Zwiebeln darin glasig dünsten.
- Weißkraut und Paprika dazugeben, scharf anbraten und mit dem Wasser ablöschen.
- Reismehl mit der Sahne glatt anrühren, in das Gemüse einrühren und unter Weiterrühren aufkochen lassen.
- Danach von der Kochstelle nehmen und mit den Gewürzen abschmecken.
- Fertigstellung nach Grundrezept auf Seite 59 und 61.

Saucenvorschlag: Kümmelrahmsauce

Grüner Strudel mit Kohlrabi-Kräuterfüllung

– Füllung –

1.	100	gr.	Kohlrabi – geschält, den holzigen Wurzelteil entfernt und das Fruchtfleisch in ganz dünne Scheiben geschnitten
	5	gr.	Butter
			Salz
		—	
2.	je 80	gr.	Chinakohl, Ruccola und 30 gr. Kerbelblättchen – gewaschen und fein geschnitten
	je 1	Eßl.	Majoran, Estragon und Rosmarin – gewaschen, von den Stielen befreit und gehackt
	3	Eßl.	Olivenöl
	250	gr.	körniger Frischkäse
	100	gr.	Mascarpone
		—	
3.	25	gr.	Reismehl (fein gemahlener Vollkornreis)
	1	Teel.	gekörnte Gemüsebrühe
	3	Eßl.	Weißwein
			Salz
		—	
4.	50	gr.	Butter – bis zum Schmelzen erwärmt

1. Schritt:

- Kohlrabi mit Butter und sehr wenig Wasser halbweich dünsten.
- Mit Salz abschmecken.

2. Schritt:

- Chinakohl, Ruccola und Kräuter in Olivenöl kurz anbraten.
- Mit Frischkäse und Mascarpone vermischen.

3. Schritt:

- Reismehl und Gemüsebrühe mit Wein glatt anrühren und mit der Kräutercreme verrühren.
- Erhitzen und einmal aufkochen lassen. Danach etwas abkühlen lassen und mit Salz abschmecken.

4. Schritt:

- Strudelteig ausrollen (siehe Grundrezept auf Seite 59 und 61).
- Auf das erste Drittel die Kräutermasse aufstreichen. Darauf die Kohlrabi schuppenartig verteilen.
- Fertigstellung nach Grundrezept auf Seite 59.

Saucenvorschlag: Weißweinsauce

Die nachfolgenden Strudel basieren auf dem vorhergehenden Strudel-Grundrezept auf Seite 59+61. Im Folgenden werden die Zutaten und die Zubereitung verschiedener Strudelfüllungen beschrieben und dargestellt.

Roter Strudel mit Schwarzwurzeln

- Füllung -

1.	300	gr.	Schwarzwurzeln (frisch oder tiefgefroren) – unter fließendem Wasser geschält, in kleine Stücke geschnitten und mit dem
		Saft	von 1 Zitrone vermengt.
	150	gr.	Karotten – geschält und fein gestiftelt
	150	gr.	Lauchzwiebeln – geputzt und in ca. 1 cm-Stücke geschnitten
			Salz
	100	gr.	Sahne
	30	gr.	Reismehl (feingemahlener Vollkornreis)
	30	gr.	Sonnenblumenkerne – leicht geröstet und gehackt
	2	Eßl.	Petersilie – gewaschen, von den Stielen befreit und gehackt
	1/2	Teel.	Senf – mittelscharf
			Salz

1. Schritt:
- Schwarzwurzeln, Karotten und Lauchzwiebeln in wenig, leicht gesalzenem Wasser weichdämpfen.
- 50 gr. Gemüsewasser, Sahne und Mehl glatt anrühren und mit dem Gemüse vermengen.
- Einmal aufkochen lassen und von der Herdstelle nehmen.
- Sonnenblumenkerne, Petersilie und Senf dazugeben, vermischen und mit Salz abschmecken.

2. Schritt:
- Fertigstellung des Strudels siehe Grundrezept auf Seite 59 und 61.

Saucenvorschlag: Petersilienrahmsauce

Fernöstlicher Sprossenstrudel

- Füllung -

1.	20	gr.	Distelöl oder sonstiges geschmacksneutrales Öl
	1-3	St.	Chilischoten – längshalbiert, von den Kernen befreit und ganz fein geschnitten
	150	gr.	bunter Paprika – gewaschen, Stielansatz und Kernbereich entfernt, Fruchtfleisch in feine Streifen geschnitten
	300	gr.	Sojasprossen – gewaschen
	150	gr.	Shiitake-Pilze – in feine Streifen geschnitten
2.	1	Teel.	Margarine
	1	Teel.	Curry
	30	gr.	Reismehl (feingemahlener Vollkornreis)
	150	gr.	Kokosmilch (erhältlich in „fernöstlichen Lebensmittelgeschäften“)
	1	Teel.	Korianderblätter – gewaschen und gehackt
	1	Teel.	Thai-Basilikumblätter (roter Basilikum) gewaschen und gehackt
			Salz, Sojasauce (Shoyu oder Tamari)

1. Schritt:
- Öl erhitzen.
- Chili, Paprika, Sprossen und Pilze darin anbraten (zusammen oder separat).

2. Schritt:
- Margarine erhitzen und Curry darin ca. 1 Minute anbraten.
- Reismehl und Kokosmilch glatt anrühren und mit dem Curry in das Gemüse einrühren.
- Alles einmal aufkochen lassen und von der Kochstelle nehmen.
- Koriander und Basilikum untermengen.
- Mit Salz und Sojasauce abschmecken.

3. Schritt:
- Fertigstellung des Strudels siehe Grundrezept auf Seite 59 (Rezept mit Reismehl!).

Saucenvorschlag: Currysauce

Die nachfolgenden Strudel basieren auf dem vorhergehenden Strudel-Grundrezept auf Seite 59+61. Im Folgenden werden die Zutaten und die Zubereitung verschiedener Strudelfüllungen beschrieben und dargestellt.

Strudel mit dreierlei Kohl

– Füllung –

200	gr.	Grünkohl	innere, zarte Blätter gewaschen und fein geschnitten
200	gr.	Weißkraut	
200	gr.	Rotkraut	
30	gr.	Butter	
200	gr.	Wasser	
1	Teel.	gekörnte Gemüsebrühe	
1/2	Teel.	Essig	
30	gr.	Reismehl (feingemahlener Vollkornreis)	
70	gr.	Sahne	
		Salz	

1. Schritt:

- Die Krautsorten separat mit je 10 gr. Butter 2-3 Minuten anbraten.
- Brühe im Wasser auflösen und je 1/3 zu den Kohlsorten geben.
- Dem Rotkraut noch den Essig zugeben.
- In 10-15 Minuten weichdünsten.
- Reismehl mit der Sahne glattrühren und je 1/3 unter die Kohlgemüse mischen.
- Noch einmal aufkochen lassen, von der Herdstelle nehmen und etwas abkühlen lassen.
- Mit Salz abschmecken.
- Fertigstellung des Strudels siehe Grundrezept Seite 59.

Saucenvorschlag: Kümmelrahmsauce

Olivenstrudel mit Schnippelbohnen

– Füllung –

1.	150 gr.		grüne Bohnen – gewaschen, Fäden gezogen und in 3 cm-Stücke geschnitten
	150 gr.		Chinakohl – gewaschen und in feine Streifen geschnitten
	150 gr.		roter Paprika – gewaschen, Stielansatz und Kernbereich entfernt und Fruchtfleisch gewürfelt
	200 gr.		schwarze und grüne Oliven – entsteint und in Ringe geschnitten
	20 gr.		Margarine
	30 gr.		Reismehl (feingemahlener Vollkornreis)
	70 gr.		Sahne
			Bohnenkraut, Salz

—

2.	40 gr.	Creme fraîche
	40 gr.	Tomatenmark
	1/2 Teel.	Honig
	1/2 Teel.	Apfelessig
	1 Teel.	Basilikumblättchen – fein gehackt
		Salz

1. Schritt:

- Die Gemüse in der Margarine anbraten und 3-4 Minuten dünsten.
- Mit dem Mehl bestäuben und mit der Sahne vermengen.
- Einmal kurz aufkochen, danach etwas abkühlen lassen.
- Mit Bohnenkraut und Salz abschmecken.

2. Schritt:

- Creme fraîche, Tomatenmark, Honig, Essig und Basilikum vermengen.
- Mit Salz abschmecken und auf den Strudelteig streichen; auf dem 1. Drittel der Teigfläche das Gemüse verteilen.
- Fertigstellung des Strudels siehe Grundrezept Seite 59.

Saucenvorschlag: Portweinsauce

Lasagne-Teig

– Grundrezept für ca. 15 Lasagne-Blätter 10x20 cm –

1.	2	St.	Eier Hkl. II	
	3	Eßl.	Olivenöl	
	4	Eßl.	Wasser	
	150	gr.	Dinkel – feinst gemahlen	vermischen
	150	gr.	Dinkelmehl 1050er	
	1/2	Teel.	Salz	
2.		—	Mehl zum Ausrollen	
	1	Eßl.	Olivenöl	
	1	Teel.	Salz	

1. Schritt:
- Eier, Öl und Wasser mit einem Schneebesen cremig verrühren.
- Mehlmischung in die Eiermischung rühren.
- Mit den Händen in ca. 5 Minuten zu einem glatten Teig kneten.
- Danach mit einem feuchten Tuch bedecken und 1 Stunde ruhen lassen.

2. Schritt:
- Den Teig auf einer bemehlten Arbeitsfläche dünn ausrollen.
- In Rechtecke von ca. 10x20 cm schneiden.
- Wasser zum Kochen bringen.
- Salz, Öl und die Teigplatten hineingeben und 10-12 Minuten garen.
- Unter kaltem Wasser abschrecken und abtropfen lassen.
- Bis zur Weiterverarbeitung auf einem leicht bemehlten Küchentuch aufbewahren

Alternative: In Naturkost- oder Reformhausfachgeschäften werden getrocknete Vollkorn-Lasagneblätter angeboten. Diese werden nach den Angaben auf der Packung ebenfalls im Salzwasser mit einem Schuß Olivenöl gegart.

Lasagne-Sauce

– Grundrezept für ca. 1 l –

1.	50	gr.	Butter	
	25	gr.	Dinkel – feinst gemahlen	vermischen
	25	gr.	Dinkelmehl 1050er	
	650	gr.	Milch – ersatzweise Kokosmilch für die Thai-Lasagne (Seite 77)	
	300	gr.	Sahne	
			Salz, Pfeffer, Muskatnuß – gerieben	

1. Schritt:
- Butter im Topf erwärmen.
- Mehlgemisch dazugeben und unter Rühren erhitzen, ohne daß sich die Farbe verändert.
- Von der Herdstelle nehmen.
- Milch nach und nach einrühren und glattrühren.
- Unter Weiterrühren zum Kochen bringen und unter reduzierter Hitze 10 Minuten köcheln lassen.
- Dann die Sahne einrühren und mit Salz, Pfeffer und Muskat abschmecken.

Die nachfolgenden Rezepte basieren auf dem vorhergehenden Lasagne-Grundrezept auf Seite 69.

Artischocken-Mangold-Lasagne

1.	300	gr.	grüner oder roter Mangold – gewaschen, Stiele in kleine Würfel - und Blatteile in 2 cm breite Streifen geschnitten.
	1	Eßl.	Butter
			Salz, Pfeffer
2.	300	gr.	Artischockenherzen – eingelegt im Glas oder in der Dose
	400	gr.	Lasagne-Sauce (Rezept auf Seite 69)
	30	gr.	Parmesan (italienischer Hartkäse) – gerieben
3.	6	St.	Lasagne-Blätter (siehe Seite 69)
	80	gr.	Schafskäse – klein gewürfelt

1. Schritt:
- Mangold mit Butter und wenig Wasser andünsten.
- Mit Salz und Pfeffer abschmecken.

2. Schritt:
- Artischockenherzen – sofern sie nicht in Öl eingelegt sind, in reichlich kaltem Wasser schwenken – dadurch verliert sich der i. d. R. etwas säuerliche Geschmack.
- Vierteln und gut abtropfen lassen.
- Lasagne-Sauce mit Parmesan vermischen.

3. Schritt:
- Eine Lage Lasagne-Blätter in eine gefettete Form legen.
- Die Artischocken darauf verteilen und die Hälfte der Lasagne-Sauce und die Hälfte des Schafskäses darübergeben. Darüber den Mangold verteilen.
- Am Schluß eine zweite Lage Lasagne-Blätter und den Rest des Schafskäses und der Lasagne-Sauce darübergeben.
- Bei 175 °C ca. 15-20 Minuten backen.

Bunte Gemüse-Lasagne

1.	100	gr.	Karotten – geschält und in Scheiben geschnitten
	100	gr.	Petersilienwurzel – geschält und in Scheiben geschnitten
			Salz, Sojasauce
	150	gr.	Zucchini – heiß gewaschen und in Scheiben geschnitten
	150	gr.	Wirsing – innere zarte Blätter gewaschen und in feine Streifen geschnitten
	1/2	St.	Knoblauchzehe – geschält und fein gehackt
			Oregano, Salz, Muskatnuß – gerieben
2.	6	St.	Lasagne-Blätter (siehe Seite 69)
	400	gr.	Lasagne-Sauce (Rezept auf Seite 69)
	30	gr.	Parmesan (italienischer Hartkäse) – gerieben

1. Schritt:
- Karotten- und Petersilienwurzelscheiben zusammen in wenig Wasser weich garen.
- Zucchini und Wirsing separat ebenfalls in wenig Wasser weich garen.
- Nach dem Garen die Gemüse abtropfen lassen.
- Karotten und Petersilienwurzeln mit Sojasauce und Salz abschmecken.
- Zucchini und Wirsing mit Knoblauch, Oregano, Salz und Muskat abschmecken.

2. Schritt:
- Eine Lage Lasagne-Blätter in eine gefettete Form legen.
- Karotten und Petersilienwurzeln darauf schichten und 1/3 der Lasagne-Sauce darübergeben.
- Eine Lage Lasagne-Blätter.
- Darauf Zucchini, Wirsing und 1/3 der Lasagne-Sauce geben.
- Eine Lage Lasagne-Blätter.
- Den Rest der Lasagne-Sauce und den Parmesan darübergeben.
- Bei 175 °C ca. 15-20 Minuten backen.

Fenchel-Lasagne

1.	50	gr.	Zwiebeln – geschält und gewürfelt
	30	gr.	Margarine
	500	gr.	Tomaten – geschält (siehe Seite 14+15), Samenkerne entfernt und Fruchtfleisch grob gewürfelt
	20	gr.	Tomatenmark
	30	gr.	Reismehl (feingemahlener Vollkornreis)
	200	gr.	Sahne
	1	Eßl.	Basilikumblättchen – kleingezupft
			Sojasauce (Shoyu oder Tamari)
			Salz, Pfeffer
		—	
2.	500	gr.	Fenchelknollen – die äußeren, scheinbar harten Schalen und das über die Knolle hinausgehende Kraut entfernt
			Salz
		—	
3.	4	St.	Lasagne-Blätter (siehe Seite 69)
	200	gr.	Tomaten – geschält (siehe Seite 14+15), Samenkerne entfernt und geviertelt
	150	gr.	Parmesan (italienischer Hartkäse) – gerieben

1. Schritt:
- Zwiebeln in der Margarine glasig dünsten.
- Tomaten und Tomatenmark dazugeben, verrühren und im offenen Topf 20 Minuten köcheln lassen.
- Reismehl und Sahne glatt anrühren und in die Tomatensauce einrühren.
- Das Ganze unter Rühren einmal aufkochen lassen und von der Herdstelle nehmen.
- Basilikum untermischen.
- Mit Sojasauce, Salz und Pfeffer abschmecken.

2. Schritt:
- Fenchel je nach Größe achteln oder zehnteln.
- In wenig Salzwasser weichdünsten; danach abgießen und abtropfen lassen.

3. Schritt:
- Eine gefettete Gratinform in folgender Reihenfolge füllen:
  - eine Lage Lasagneblätter
  - die Hälfte der Sauce
  - Fenchel
  - Tomatenviertel
  - eine Lage Lasagneblätter
  - die restliche Sauce
  - darüber den Parmesan streuen
- Bei 175 °C ca. 15-20 Minuten backen.

Lasagne mit Auberginen, Spinat und Ricotta

1.	300	gr.	Auberginen – gewaschen und in „Zebra-Streifen“ längsgeschält
			Salz
		—	
2.	250	gr.	Blattspinat – geputzt und gewaschen
	100	gr.	Ricotta (italienischer Frischkäse)
			Salz
		—	
3.	20	gr.	Zwiebeln – geschält und kleingeschnitten
	1	Teel.	Öl
	300	gr.	Tomaten – enthäutet (siehe Seite 14/15), Samenkerne entfernt und grob gewürfelt
	20	gr.	Reismehl (feingemahlener Vollkornreis)
	1	Teel.	gekörnte Gemüsebrühe
	1	Teel.	Basilikumblättchen – kleingezupft
			Salz, Pfeffer, Sojasauce (Shoyu oder Tamari)
		—	
4.	150	gr.	Lasagnesauce (Grundrezept auf Seite 69)
	6	St.	Lasagne-Blätter (Grundrezept auf Seite 69)
	80	gr.	Parmesan (italienischer Hartkäse) – gerieben

1. Schritt:
- Auberginen der Länge nach in ca. 1 cm-dicke Scheiben schneiden, kräftig salzen und 15 Minuten ziehen lassen.
- Danach abspülen, mit wenig Wasser weich garen und mit einem Haushaltstuch trockentupfen.

2. Schritt:
- Gewaschenen Spinat mit Abtropfwasser in 2-3 Minuten halbweich garen und mit kaltem Wasser „abschrecken“.
- Danach abtropfen lassen, grob hacken, mit Ricotta vermengen und mit Salz abschmecken.

3. Schritt:
- Zwiebeln in Öl glasig dünsten.
- Tomaten zu den Zwiebeln geben und vermengen.
- Im offenen Topf 10 Minuten köcheln lassen.
- Reismehl und Gemüsebrühe in wenig Wasser glattrühren und in die Tomaten einrühren.
- Einmal aufkochen lassen und von der Herdstelle nehmen.
- Basilikum dazugeben und mit den Gewürzen abschmecken.

4. Schritt:
- Eine gefettete Gratinform in folgender Reihenfolge füllen:
  - eine Lage Lasagneblätter
  - Tomatensauce
  - Auberginenscheiben
  - 1/3 des Parmesans
  - eine Lage Lasagneblätter
  - Blattspinat
  - eine Lage Lasagneblätter
  - Lasagnesauce
  - restlichen Parmesan
- Danach bei 175 °C ca. 15-20 Minuten backen.

Thai-Lasagne mit Kokosmilch-Curry

1.	150	gr.	Kürbis (Sorte: Hokkaido oder Potimaron) – geschält, innerer Kernbereich entfernt und Fruchtfleisch kleingewürfelt
		—	
2.	20	gr.	Sesamöl (ersatzweise Butter)
	100	gr.	Maiskölbchen – über die Länge halbiert
	50	gr.	Shiitake-Pilze – geputzt und in Streifen geschnitten
	2-4	St.	Chilischoten – gewaschen, von den Samenkörnern befreit und fein gehackt
	100	gr.	gelber und roter Paprika – gewaschen, Stielansatz und innerer Kernbereich entfernt und Fruchtfleisch in Streifen geschnitten
	100	gr.	Frühlingszwiebeln – gewaschen, geschält und inkl. den knackigen Grünteilen kleingeschnitten
	150	gr.	Sojasprossen – gewaschen
		—	
3.	2	Eßl.	Reismehl (feingemahlener Vollkornreis)
	1/2	Tasse	Wasser
	1	Eßl.	Thai-Basilikum (roter Basilikum) – gewaschen, von den Stielen befreit und kleingezupft
		—	
4.	1	Eßl.	Curry
	20	gr.	Butter
	400	gr.	Lasagnesauce (Rezept auf Seite 69 – Zubereitung mit Kokosmilch)
		—	
5.	8-12	St.	Reisblätter (erhältlich in „fernöstlichen Fachgeschäften“)

1. Schritt:
- Kürbis in ca. 30 Minuten weichdünsten. Danach abtropfen lassen.

2. Schritt:
- Sesamöl erhitzen.
- Maiskölbchen und Shiitake-Pilze mit Chilli ca. 2 Minuten scharf anbraten.
- Paprika und Frühlingszwiebeln dazugeben und weitere 3 Minuten braten.
- Kürbis und Sojasprossen ebenfalls dazugeben und nochmals ca. 1 Minute braten.

3. Schritt:
- Reismehl mit Wasser glatt anrühren.
- Mit dem heißen Gemüse vermengen, einmal aufkochen lassen und von der Herdstelle nehmen. Basilikum untermischen.

4. Schritt:
- Curry mit Butter ca. 1 Minute anbraten.
- Danach mit der fertigen Lasagne-Sauce verrühren.

5. Schritt:
- Reisblätter ca. 3 Minuten in kaltes Wasser einlegen.
- Eine gefettete Gratinform in folgender Reihenfolge füllen:
  - 1 Lage Reisblätter
  - Gemüse
  - 1/2 Currysauce
  - 1 Lage Reisblätter
  - 1/2 Currysauce
- Bei 175 °C ca. 15-20 Minuten backen.

Rezept- und Rohstoff-Hinweise

- Die in diesem Buch angegebenen Mengen sind für 2–4 Personen berechnet – je nach Appetit und je nachdem, ob Vorspeisen, Nachspeisen oder andere Beilagen gereicht werden.

- Die Mengen aller Zutaten sind Nettogewichte, das heißt, es handelt sich um Gewichte von geputzter, geschälter etc. Ware.

- Frische Kräuter sollten, von wenigen Ausnahmen abgesehen, immer am Schluß (nach dem Kochen) beigegeben werden. Im Gegensatz dazu können getrocknete Kräuter am Schluß kurz mitgekocht werden, damit sie sich wieder aufschließen und ihr Aroma entfalten.

- Alle aufgeführten Zutaten bekommen Sie in der Regel in gut sortierten Naturkost- und Reformhausfachgeschäften.

- In der vegetarischen Küche empfiehlt sich die Anschaffung einer Getreidemühle.

- Das Autorenteam empfiehlt aus gesundheitlichen und ökologischen Gründen Lebensmittel aus kontrolliert-biologischem Anbau.

Hinweise zu verschiedenen Garmethoden

- **Backen** bedeutet Garen im Backofen. Die angegebenen Temperaturen und Backzeiten beziehen sich auf einen vorgeheizten, konventionellen Elektroherd mit Ober- und Unterhitze. Bitte beachten Sie, daß diese Temperaturen und Zeiten von Herd zu Herd variieren. Eine Überprüfung des Backgutes gegen Ende der Backzeit ist deshalb unerläßlich. Bezüglich der Einschubhöhe im Backraum gilt als Faustregel: die Mitte des Backgutes sollte sich in der Mitte des Backofens befinden.

- **Blanchieren** bedeutet kurzes Garen im kochenden Wasser und anschließendes Abschrecken mit kaltem Wasser.

- **Braten** bedeutet Garen mit Fett im offenen Topf oder in der offenen Pfanne bei gleichzeitiger Bräunung und Geschmacksverbesserung des Gargutes.

- **Dämpfen** bedeutet Garen mit wenig Wasser im geschlossenen Topf. Das Garen des Gargutes vollzieht sich hierbei vor allem über den entstehenden Dampf.

- **Dünsten** bedeutet Garen mit Fett im geschlossenen Topf oder in der geschlossenen Pfanne. Dabei vollzieht sich das Garen des Gargutes ebenfalls über Dampfentwicklung aus dem eigenen Saft oder über Zugabe von wenig Flüssigkeit. Dies ist eine einfache und schonende Methode. Das zugegebene Fett verbessert den Geschmack der Speisen. Die sich am Schluß ergebende Flüssigkeit ergibt eine gute Saucengrundlage.

- **Kochen** bedeutet Garen mit bedeckendem, siedendem Wasser im offenen oder geschlossenen Topf.

	Seite
Artischocken-Mangold-Lasagne	71
Artischocken-Pastete	25
Artischocken-Quiche	17
Aubergine mit Gemüsewürfeln	45
Auberginen-Kuchen	11
Auberginen-Lasagne	75
Auberginen-Püree	53
Austernpilz-Gratin	29
Austernpilz-Pizza	7
Avocado-Füllung	49
Blumenkohl-Broccoli-Kuchen	9
Bohnenstrudel	67
Broccoli-Sesam-Pastete	25
Bunte Gemüse-Lasagne	71
Chinakohl mit Bulgur	37
Estragon-Püree	51
Fenchel-Lasagne	73
Fenchel-Schiffchen im Kartoffelbett	47
Fernöstlicher Sprossenstrudel	65
Frühlingszwiebel-Quiche	19
Gelber Strudel	61
Gelber Strudel mit Paprika-Kraut	63
Gemüse-Lasagne	71
Grüner Strudel mit Kohlrabi-Kräuterfüllung	63
Gurke mit Selleriepüree	49
Hirseschnitte mit Auberginentalern	11
Hirseschnitte mit Blumenkohl und Broccoli	9
Impressum	80
Inhalts-Übersicht	2+3
Kartoffelbrei-Zubereitung (Abb.)	46
Kartoffel mit Avocadofüllung	49
Kohlrabi mit Estragonpüree	51
Kohlrabipizza mit Kerbelpesto	5
Kohlrabistrudel	63
Kohlstrudel (dreierlei)	67
Kräuterfüllung mit Bulgur	57
Krautstrudel	63

	Seite
Lasagne-Grundrezept	69
Lasagne mit Auberginen	75
Lasagne-Sauce	69
Linsen-Curry-Gratin	31
Maiskuchen mit dreierlei Paprika	21
Mangoldrolle mit Hirse	39
Olivenpüree	53
Olivenstrudel mit Schnippelbohnen	67
Paprika-Kuchen	21
Paprika mit Olivenpüree	53
Paprikapüree	55
Pastete mit Pilzragout	27
Rezept-Hinweise	78
Rosenkohl-Gratin	33
Roter Strudel	61
Roter Strudel mit Schwarzwurzeln	65
Schwarzwurzel-Strudel	65
Selleriepüree	49
Spargel-Gratin	35
Spinat-Lasagne-Auberginen	75
Spinat-Pizza mit Austernpilzen	7
Sprossen-Strudel	65
Strudel-Grundrezept	59
Strudel in dreierlei Farben	61
Strudel mit dreierlei Kohl	67
Thai-Lasagne mit Kokosmilch-Curry	77
Tomaten enthäuten	14+15
Tomaten mit Auberginencreme	53
Übersicht der Kochbuchreihe buxs	81
Weißkraut mit Rotkrautfüllung	41
Wirsingblätter mit Polentafüllung	43
Wirsing-Pastete	27
Zucchiniblüte mit Ricotta-Füllung	55
Zucchinikuchen mit Leinsamenkruste	23
Zucchini mit Paprikapüree	55
Zwiebel mit Kräuterfüllung	57

Rezept-Creation:
Anna Lander
Restaurant-Cafe-buxs
80469 München

Fotographie, Text, Gestaltung:
Siegfried Köpfer
81545 München

Gesamtherstellung:
A. Bernecker GmbH & Co.
Druckerei KG
Unter dem Schöneberg 1
34212 Melsungen

verlag anna lander
und siegfried köpfer
Geiselgasteigstr. 110 e
81545 München

ISBN 3-931541-06-1

In der Kochbuch-Reihe

buxs®

feine vegetarische Küche

sind folgende Titel erhältlich:*

Bd. 1:	**suppen + saucen**	2. Aufl. 3/97
Bd. 2:	**salate, antipasti + dressings**	2. Aufl. 11/96
Bd. 3:	**pfannengerichte**	2. Aufl. 3/97
Bd. 4:	**pflanzerl, klößchen + co.**	3. Aufl. 3/97
Bd. 5:	**gemüsezubereitungen**	2. Aufl. 1/97
Bd. 6:	**überbackenes**	2. Aufl. 3/97
Bd. 7:	**kuchen + desserts**	1. Aufl. 10/95

* Stand März 1997

Alle Kochbücher dieser Reihe sind **auf chlorfrei gebleichtem Papier** und **mit Ökofarben** gedruckt.

Als Ökofarben werden Offsetfarben bezeichnet, die mit pflanzlichen Ölen anstelle von Mineralöl und Kohlenwasserstoffharzen aufgebaut sind.